〔日〕佐藤学 著

于莉莉 译

学校改革
学习共同体 的
构想与实践

北京师范大学出版集团
BEIJING NORMAL UNIVERSITY PUBLISHING GROUP
北京师范大学出版社

受到迅猛发展的第四次产业革命以及新型冠状病毒肺炎的影响，当今的学校教育正站在历史性的转折点。本书在薄薄的一册中，浓缩了30年前在日本诞生并在世界各国普及的"学习共同体"的改革的愿景、哲学及活动体系，生动展示了"21世纪型课堂、学习、学校"的应有形态。

如何实现不让任何一名学生掉队，保障每一名学生学习权的学校？

如何实现基于探究与协同的高品质学习？

如何实现不让任何一名教师掉队，每一名教师都可作为专家互相学习、共同成长的学校？

作为"学校改革第一人"的著者，在本书中简洁明了地描述了实现上述理想的哲学及具体方略。本书是教育者的必读之书。

作者简介

佐藤学（1951 年—）

日本学习院大学文学部教育学科特任教授，东京大学名誉教授，教育学博士。历任东京大学教育学部副教授，东京大学院教育学研究科教授，东京大学教育学部部长，东京大学大学院教育学研究科研究科长。墨西哥学院客座教授（2001年），美国哈佛大学客座教授（2002年），纽约大学客座教授（2002年），柏林自由大学客座教授（2006年）。美国全国教育科学院（NAE）会员，美国教育学会名誉会员，原日本学术会议第一部（人文社会科学）部长，原日本教育学会会长。其著作被翻译为12种语言，在世界多个国家及地区出版，曾于2012年荣获亚洲出版奖（APA）二等奖，2019年荣获第四届明远教育奖海外中国教育研究杰出贡献奖。其著作中文译著有《静悄悄的革命》《课程与教师》《学习的快乐》《学校的挑战》《教师的挑战》《教师花传书》《教育方法学》等。

佐藤学教授是日本教育学界的世界知名学者，多年来一直致力于教师发展研究与教育实践研究，主张研究者在扎实开展教育学理论研究的同时，应与一线教师协同合作，切实"诊断"学校的各种"病症"，共同探索解决方略。佐藤学教授身体力行，40年如一日，每周坚持走访学校，推进学校改革，结合东方学校及教室文化，创新地提出学习共同体学校改革理论，不仅在日本，而且在亚洲其他国家及地区影响深远。本书正是佐藤学教授40余年来推进学校改革的心血之作，汇总了学习共同体学校改革理论的精髓，既为读者提供了汲取学习共同体理论基础知识的平台，又为读者提供了探究教育实践的新航标。相信本书的出版，必将为我国教育实践探究带来新的视角。

——朱旭东

北京师范大学教育学部部长

本书是佐藤学教授在长年深入探索学习共同体学校改革哲学真谛的实践过程中，不断总结、创新并最终提炼而成的，浓缩了学习共同体理论及学习共同体学校改革原理的心血结晶之作。这一"哲学"使众多学生及教师重新感受到作为"学习的主人翁"的尊严，让学生及教师真正享受到互相学习的喜悦。可以预见，本书宛如向水面掷出的小石子，在未来也将不断激荡起学习的涟漪，滋润每一位学习者的心灵，并必将促进更茂盛的学习之花盛开。

——秋田喜代美
东京大学大学院教育学研究科科长，
东京大学教育学部部长

佐藤学教授可谓是一个传奇。本书浓缩了他提出的学习共同体改革蓝图及改革愿景，并充分展示了他的改革热情、丰富学识及卓越领导力。通过遍布日本及世界各地的数千所学校合作网络，学习共同体正在悄然改变着儿童、家长及教师的日常学习体验。佐藤学教授相信教师有能力对在学习共同体合作网络中产生并共享的实践性知识不断创新，对教师职业专业性的坚定信念及对教师协同合作力量的深厚信赖，是推动其深入研究的强大动力。本书超越了东方与西方的差异，是所有学校领导者、教育行政指导者、学校改革者、学者及具有领袖精神的教师的必读之书。

——彼得·达德利
世界课例研究学会会长

目前，新型冠状病毒肺炎的传播使世界经济遭受重创，肩负着为刻不容缓的经济重建及未来社会建设培养人才的学校，被期待着通过革新教育发挥其重要功用。2016 年以来，伴随着第四次产业革命的飞速发展，学校教育向"创造性""探究""协同"为核心的高品质学习的转型也日渐紧迫。在这一重要的教育大变革期，本书中文译著的出版，具有极为特殊的意义。

本书浓缩了学习共同体的学校改革及课堂创造的愿景、哲学及活动系统等全部内容。我相信，仅读此一册，读者亦可全面理解学习共同体的学校改革精髓。因此，从此意义上讲，本书相当于我 10 余册著作的精华版。

学习共同体的学校改革，不仅在日本国内的数千所学校热火朝天地展开，在亚洲各国及地区甚至获得了比日本国内更加热烈的支持。在此背景下，我意识到为了使广大教育工作者尽可能方便地学习此项改革的改革思想及改革哲学，我有必要撰写一本精炼的改革导引。如我所愿，本书出版后被翻译为多国语言，并作为教师们改革实践的导引手册活用至今。

中国的学习共同体改革，在拙著《静悄悄的革命》一书出版后一举得到推广，现今，迎来了第二波改革高潮。学习共同体的学校改革愈加得到支持与关注，在中国各地涌现出了诸多高质量的改革实践成果。2016 年 10 月，教育部人文社会科学重点研究基地——北京师范大学教师教育研究中心联合主办并承办了第四届学习共同体国际会议。以此为契机，2017 年 4 月，北京师范大学教师教育研究中心创设了学习共同体国际研究中心。我有幸作为这个组织的一员，亲身参与到中国的学习共同体的学校改革中。本书正是在此绝妙的时机得以出版的。

中国的学校教育正处在向"21 世纪型学校"转变，向"以思考和探究为中心的课程"转变，向"协同学习"转变的历史转折点。这一迈向"21 世纪型学校教育"的改革，可谓一场百年不遇的触及学校教育根本的整体性革新。用"疾驰"来形容亦不为过的中国的教育改革，正以前所未有的速度迅猛发展。在如此"疾驰"的改革中，可俯瞰全局的改革蓝图及掌舵改革前进方向的"指南针"尤为重要。我尽量用最简洁的语言撰写本书，以期其可成为导引改革实践的"航海图"及"指南针"。

我特别拜托了在北京师范大学教师教育研究中心工作的于莉莉老师承担本书的翻译工作。她在东京大学教育学研究科我的研究室学习了 10 年，现今已成为中国学习共同体改革研究的第一人。在最近 15 年内，我在中国的所有讲演也皆拜托她翻译。本书能由对我本人的研究及实践全面熟知的于莉莉进行翻译，使我感到万分荣幸。同时，也请让我向为本书的出版付出大量心血的北京师范大学出版社致以诚挚的谢意。由衷地期待本书可以成为学校改革及课堂改革的巨大推动力！

佐藤学

学习院大学教授、东京大学名誉教授、

北京师范大学客座教授

2020 年 9 月 15 日

前言　改革伊始及高涨

　　提倡学习共同体的学校改革正在普及。大约 30 年前，我首次提出这一改革构想并开始实践。15 年前，学习共同体的学校改革终于实现了从局部改革向全体改革的蜕变，学习共同体改革的构想真正成功实现并在各地得到了爆发性普及。

　　1995 年的小千古市立小千古小学开始推动学习共同体改革实践。1997 年长冈市立南中学亦开始推进。1998 年神奈川县茅崎市教育委员会以此两校为样本，创设了学习共同体的第一所领航学校——滨之乡小学。2001 年静冈县富士市立岳阳中学成为第一所初中学段领航学校。2005 年以后，伴随着广岛县立安西高中、东京大学教育学部附属中学、静冈县立沼津城北高中、滋贺县立彦根西高中等领航高中的设立，日本各地陆续涌现出多所领航学校。在撰写本书的2012年至今,日本各地已设立了300所领航学校,又以领航学校为各地改革中心,进而衍生出约1500所小学、2000余所初中、约300所高中以校为单位推动改革的庞大的学习共同体的学校改革合作网络。

2000年后,学习共同体的学校改革在海外亦获得认同及推广。首先进行改革实践的是在本国内出版了我的著作及论文的韩国、墨西哥及美国,而后慢慢扩大至中国、新加坡、印度尼西亚、越南、印度等地区。海外的学习共同体的学校改革呈现出与日本同样的爆发式普及的特征。特别是在亚洲各国家及地区,学习共同体的学校改革以最有力量也最具希望的"草根"运动而闻名。

学习共同体的学校改革为何可以获得教师及教育行政部门的热烈支持与信赖,并进而形成范围广阔的改革合作网络?学习共同体的学校改革到底为何?它究竟是针对什么的改革?改革是如何开展的?学校导入并推动这一改革时,应该以什么为改革核心并需要做出什么变革?在本书中,针对上述问题,我尽可能做出回复。

探究学习共同体的学校改革构想与实践的过程，是一个了解现代学校改革的历史及社会背景，了解学校本身及学校功能转变，了解学生、教师及家长对学校的期许及需求，了解学校当前的危机及改革的可能性何在的过程。这本小册子，既是学习共同体的学校改革的入门导引，也是符合当下及未来社会发展需求的学校教育的设计导引。

　　但是，学习共同体的学校改革既非"模式"亦非"处方"，所以将学习共同体的学校改革矮化为"模式"或"处方"推动实践的学校，无一成功。在最近 15 年，仅有极少数学校推进学习共同体的学校改革却宣告失败。其失败原因，主要在于学校将学习共同体以"模式"或"处方"导入。

　　学校改革的艰难程度超乎普通人及教师的想象，是一项极为艰巨的事业。学校是社会及文化的缩影，要解放学校使其成为理想国是不可能的。人们对学校的期待多种多样，所以希望调和所有期待使其一致也是不可能的。特别是几乎所有学校的学生、教师及家长，距今为止都经历过多次学校改革，感受到了多次挫败及不信任。因此，即使向其提出极具前景及希望的改革政策或建言，想真正获得其信赖，并使之实践，也仍必须克服许多的质疑和不信任。

而且，学校只有由内而外地改革才能成功。日本自明治时代以来，通过国家权力推动，强制实施了诸多由上而下的教育改革。但是这些上传下达的教育改革真的改善学校了吗？抑或是，这些上传下达的教育改革的成果，成功地在学校内部生根发芽了吗？

学校改革不允许失败。改革一旦失败，会在学生、教师及家长的心中留下深深的伤痕，进而使其对教育感到虚无，产生冷漠、怨恨之情。因此，推进学校改革一定要慎之又慎。但是，若不经历诸多失败，不从失败中学习，改革也将无法成功。这就是学校改革的二元悖论。学校改革，只有经历过诸多失败方可达成。

我是从 32 年前开始推行学习共同体的学校改革的。在最开始的 10 年，所有改革都以失败收场，失败的学校有 1000 所以上。当然，这些学校的局部领域，如课堂的改革、学习的改革、课程的改革、教研的改革、校长领导力的改善、家校合作等取得了部分成功。但是，不得不承认，对学校整体的改革，当时是未能实现的。甚至有一些局部改革，在几年后又倒退回原样。很多局部改革非常成功，但是其最终也未能进一步促进学校整体的持续性改革。

但是，正是因为积累了这 1000 余所学校的痛苦的失败经验，现今，无论学校面对多少困难，我都可以设计出使其成功改革的方案。这里也存在着一个悖论。相信学校改革的"可能"者往往无功而返，只有对学校改革的"不可能"充分认知者，才能将学校改革导向成功。了解到学校改革是极为艰巨的事业，是改革的第一步。学习共同体的学校改革也不例外。

目　录

/第一章　21世纪的社会与学校/

21世纪型学校

　　学习共同体的学校改革是以建立"21世纪型学校"为目的的改革。

　　"21世纪型学校"这个教育论题，在1989年柏林墙被推倒后经济全球化进程加速的背景下，不断被世界各国讨论。这一论题的展开是有根据的。现今我们熟悉的学校是以国民国家的统合及产业社会的发展为主要推进力的，它们是被称为"近代学校"的学校。伴随着冷战思维下两极对抗的结束及经济全球化的发展，国民国家的统合及产业社会的发展——学校组织的这两大基础开始瓦解。

在柏林墙倒塌后的 20 余年的各国的教育改革中，"21 世纪型学校"是如何被构想，又是如何得以政策化的呢？我们会发现这一过程不仅呈现出发达国家与发展中国家的不同，而且即便同属发达国家，北美、欧洲、亚洲各国的发展过程也不尽相同，呈现出了复杂、多样的形式。但是，综观经济合作与发展组织（OECD）成员国的国家课程标准，可以发现各国都具有如下四个共同特征，这四个特征构成了"21 世纪型学校"建立的基础。

> 应对知识型社会
> 应对多文化共生的社会
> 应对孕育着贫富差距风险的社会
> 应对成熟的市民社会

应对知识型社会

伴随着从工业社会向后工业社会的过渡，发达国家的劳动力市场发生了巨大变化。从事生产劳动的劳动力急剧减少，与此相对，需要高度专业知识、技能的知识型信息产业的劳动力市场（信息、经营、金融）

与服务性产业的劳动力市场(福利、医疗、教育、文化)的需求激增。伴随着这些社会变化,知识变得更加综合化、复合化、流动化。为了应对上述变化,我们的学校教育必须作为终身学习的基石,培养学生在未来可以持续学习的基本素养,将学生真正作为"学"的主体学习者来培养,并迫切需要培养学生的创造性思考力、探究力及与他人协同合作的沟通能力。

就日本而言,伴随着经济全球化的深入发展,大部分企业将重心转移至劳动力成本较为低廉的发展中国家。1990年以后,日本的劳动力市场发生了巨大变化。例如,1992年日本对高中学历的劳动力的需求为160万人,而10年后的2002年骤降为15万人,青年劳动力市场消失了90.1%。(日本的教育改革未能有效应对这种剧烈的市场经济与劳动市场的变化,导致了大量青年失业者及非正规雇佣者的出现,导致了青年对未来发展的强烈不安。)

应对多文化共生的社会

伴随着经济全球化的发展,世界各国逐渐向跨越国界壁垒的不断融合的多文化社会迈进。在亚洲地区，虽然尚未形成如欧盟及北美自由贸易区一般的地域联合组织，但考虑到亚洲各国中除较为例外的韩国、朝鲜、日本外，其余的国家及地域都具有多民族多种文化共生的特征，那么可以预见，在不久的将来，社会将更加迅速地迈向多文化社会。

应对孕育着贫富差距风险的社会

经济全球化以"融和抑或排除的"(inclusion or exclusion)的原理构成社会。其结果导致根据民主主义的成熟度不同，可以参与到社会中的人群与被社会排除的人群间被划出明显的界限，经济差距及文化差距不断扩大，各种各样的差距风险不断产生。这一情况在日本社会表现得极为显著。经济合作与发展组织关于相对性贫困率的调查显示，日本正逐渐转变为与土耳其、墨西哥、美国一样的贫富差距显著的国家，15.7％的学龄儿童来自贫困家庭。

应对成熟的市民社会

因分权改革(decentralization)与放松管制(deregulation)，国民国家的保护膜变得稀薄，不成熟的市民社会的各弊端开始显现，民粹主义抬头造成了民主主义危机出现、公共道德崩坏、基于利己主义及个人主义的利害冲突与诉讼激增、个人的精神负担增大、精神性疾病患者人数增加。如漠视这一倾向，将如典型的美国社会般，陷入社会沦落为因人民失去对公共性的关心民主主义不能发挥功用的社会、过度依赖律师的诉讼社会、过度依赖心理咨询师的咨商社会的危险。因此，世界各国均将"公民教育"作为"21世纪型学校"的核心课题之一。"公民教育"是培养世界公民、国家公民、地域公民这三个"公民性"的教育，是将主权者教育、公共伦理教育、问题解决教育、社会奉献教育具体化的教育。

"21世纪型学校"在上述基础上，基于"同时追求教育质量与教育公平"的根本原理构想而成。基于产业主义实现经济发展的发展中国家的教育改革，现今还是以"量"的达成为主要目的的改革。但是，在向后产业社会过渡的发达国家的教育改革中，"同时追求教育质量与教育公平"已成为决定教育改革成败的根本原理。最明显佐证这一根本原理的是经济合作与发展组织每三年实施一次的国际学力调查(The Program for International Student Assessment，PISA调查)。

在 PISA 调查中获得高度评价的芬兰、加拿大、澳大利亚等国家所取得的教育成功，无一不是基于"同时追求教育质量与教育公平"的。

"静悄悄的革命"

在柏林墙倒塌后的 20 余年，发达国家的学校，的确缓慢实现了历史性转变。在向"21 世纪型学校"转型的过程中，各国的教育呈现出以下特征。

第一，课程由"程序型"向"课题型"转变。"程序型"课程是以大型工厂的自动流水生产线为原型的课程模式。该课程如台阶般一级一级组织而成，其单元由"目标—达成—评价"的活动单位构成。与此相对，"课题型"课程是基于"主题—探究—表现"的单元构成的课程。如登山一样，学习也有多种路径，追求的是学生在学习经验中获得的发展。另外，"程序型"课程重视"达成目标"及对"结果的评价"（效率性和生产性），而"课题型"课程追求学习经验的多样"意义"，以及对学习的"价值"进行质性评价；与"程序型"课程中学习过程的单向性及相对的狭窄性相比，"课题型"

课程中的学习过程具有复合性及多样性的特点。各国向"21世纪型学校"转型的尝试，正是通过从"程序型"课程向"课题型"课程的蜕变得以展开的。

第二，同步教学向协同学习转型。除部分发展中国家外，以背对黑板的讲台为中心，学生面向黑板接受教师的讲解与提问，在笔记本上照抄板书的同步教学的方式，现今已成为历史了。在发达国家的教室里，小学一、二年级采用围坐在教师身边的全体学习及两人小组学习的方式，小学三年级以上至高中皆采用男女混合的四人一组的协同学习方式组织课堂。这一课堂变化具有一个令人深思之处——我们发现其并不是由何人振臂一呼而成的，而是世界各国的课堂几乎同时涌现出这一变化，我将这种变化称为"静悄悄的革命"。这场"静悄悄的革命"，根据我的课堂观摩经验(25年间走访20余国的300余所学校)，大约在20世纪80年代以加拿大为中心拓展，90年代前期扩大到美国，90年代后期普及至欧洲，2000年后渗透到亚洲地区。

教学方式与学习方式转型的"静悄悄的革命"，是伴随着产业社会向后产业社会(知识型社会)过渡而出现的最典型的学校教育领域的变化。基于创造性及探究性学习的知识应用能力与信息处理能力的形成、问题解决能力的形成、沟通能力的形成的"21世纪型教育"的基本需求，成为推动这场"静悄悄的革命"的主要动力。黑板向多媒体教具的转变，更加速了"静悄悄的革命"的开展(与其他国家相比，日本电子黑板的普及明显滞后)。

2000年以后，相比其他地域，"静悄悄的革命"在中国、韩国、新加坡、印度尼西亚、马来西亚等亚洲各国及地区得到迅猛发展。断然以实施中央政策的方式由上至下地推进向"21世纪型学校"转型是其主要特征。主要原因在于亚洲各国及地区处于经济全球化带来的激烈的国际经济竞争的旋涡区，是否可以成功脱离旧的教育制度及教育方式影响着各国的经济发展。这种由中央政府制定政策由上至下推动教室革命的方式，是否能实现"同时追求教育质量与教育公平"，尚有待观察。但有一点可以确定，单向授课的教学模式及以考试与背诵为主的学习，今后将不可能在亚洲地区复活。

第三，学校功能的变化。20世纪90年代后，伴随着不断深化的分权改革，国家越来越要求学校有自律性，要求学校发挥地域共同体的文化中心及教育中心的功能。"同时追求教育质量与教育公平"推动了教师职业专业化的步伐。现今的学校已成为教师作为教育的专家互相学习的场所(professional learning community)，发挥着地域共同体的文化中心的作用。

学习共同体的学校改革，正是以建立满足上述三要素的"21世纪型学校"为目的的学校改革，因此在海内外学校中得到爆发性推广。

/ 第二章　学习共同体的愿景与哲学 /

愿景的优先性

每当向教师提及学校改革，一定会听到"没有时间""缺乏人手""没有资源"的回答，真正能够指出改革最欠缺的部分是改革愿景的教师却极为稀少。没有明确的改革愿景，投入再多的时间、精力、人力和资源，努力也终将付诸东流，很难真正实现学校的转变和课堂的转变。就所有的改革而言，"愿景是第一重要的"（vision is the first priority）。

学习共同体既是学校改革的愿景，又是学校改革的哲学。究其根本，为何要进行学校改革？学校应该承担的核心责任是建设"有特色的学校"吗？学校改革的核心目的是"提升学力"吗？是培养"具有国际竞争力的人才"吗？抑或是"创造精品课"？并非如此。

学校的公共使命与责任是"不放弃任何一名学生，保障每一名学生的学习权，提升学生的学习品质"，通过对学习的"质量与公平的同时追求"，"为民主主义社会做准备"。我们教师的使命与责任亦是如此。

但是，真正实现此目的并非易事。虽然教师及教育工作相关者付出了巨大努力，但学生依旧伴随着学年增长逐渐对学习失去希望，从学习中不断逃离。这就是日本学校教育所面临的严峻现实。这绝不是教师、校长及教育行政机构不够努力造成的。根据日本文部科学省的调查，日本教师平均每周工作时间达到52小时，远远超过了法律规定的每周40小时的工作时间。可见，学生逃离学习并非因努力不足，而是因为教育政策及教师努力的方向有误。

教师的工作可以比喻为街头艺人的抛球杂要。在教室中，教师一边照顾甲同学，一边回答乙同学的问题，一边确认上课的进度，一边考虑如何更好地使用教材，一边准备下一个学习活动。这一连串的活动正像抛接球一样，令教师应接不暇。教师回到办公室后，这种抛接球依然在继续。教师一边计算学生营养午餐的费用，一边准备第二天的教具与教案，一边思考参加会议应该制作的资料，一边苦恼未能参加修学旅行的学生该如何安排，一边撰写社团活动的校外学习申请书等。

现今学校的一大危机就在于，无论是在教室还是在办公室里，教师皆处于手忙脚乱的抛接球状态，手中已有数不清的球在抛接轮替。但是，学校以外依然不断有"请做这个""请做那个"的新球向教师抛来。教师最大的不满就在于"被校外丢来过多的课题"，要求过剩的教育改革导致教室与教师办公室中的抛接球状态愈演愈烈。

当学校已处于应接不暇的抛接球状态时，没有改革愿景的校长，会忙于接住校外抛来的所有的球，进而压垮教师与学生；没有改革愿景的教师，会忙于接住教室外抛来的所有的球，进而压垮学生。因此，愿景是学校改革的第一要件。具有明确改革愿景的校长，可以把不必要的球放到腋下，只抛接最重要的球，以便将教师与学生从忙乱的抛接球状态中解放出来；具有明确改革愿景的教师，可以把不必要的球放在一边，只抛接必要的球，以保障每一名学生的学习权，确保高质量学习的实现。

因此，我将学习共同体的学校改革愿景定义如下。

学习共同体的学校是学生互相学习、成长的学校，是培育教师成为教育专家并互相学习、成长的学校，是家长与市民协力参与学校改革、成长的学校。

基于此愿景，学习共同体的学校将实现"不放弃任何一名学生，保障每一名学生的学习权，提升学生的学习品质，为民主主义社会做准备"的公共使命。

学习共同体的哲学

"公共性哲学"（public philosophy）、"民主主义哲学"、（democracy philosophy）、"卓越性哲学"（excellence philosophy）是进行学习共同体的学校改革的基础。

公共性哲学

学校是公共空间，无论对内抑或对外都应公开。

开放课堂是学校改革的第一步。只要有任何一名教师不开放自己的课堂，所有的学校改革就不可能从根本上实现。这是我从多年的失败中汲取的教训。我认为，无论教学实践多么优秀的教师，如果每年不向校内同事开放一次课堂就不具备担任公立学校教师的资格。理由是，无论自身的教学实践如何优秀，如果每年的授课一次也不向同事开放的话，教师势必将学生私有化，将教室私有化，将学校私有化，将教学工作私有化。为了发挥学校公共空间的功能，教师须最少一年面向全校上一次公开课，并与所有同事构建起共同培养学生的紧密关系。

民主主义哲学

没有任何场所比学校更加需要强调民主主义的重要性，可也没有任何场所像学校一样无法发挥民主主义的功能。此处所指的"民主主义"，既非多数表决法，亦非意指政治性手续，而是约翰·杜威定义的"与他人共生的生存方式"(a way of associated living)这一意义上的民主主义。

我曾经对日本某中学(在校生总数为 350 人)一年

有多少学生出现在教师办公室的谈话中做过调查。调查发现，在教师办公室的谈话中出现的学生只占全校学生的十分之一，并集中为问题学生、成绩特别优秀的学生或积极参加社团活动的学生。这样的学校真的可以称为尊重民主主义的学校吗？答案是否定的。如果无法做到不忽视任何一名学生，不放弃任何一名学生，保障每一名学生都能以固有名称的方式出现在教师话语中得到公平的关注，学校便无法称为民主主义式的学校。

在教师集团中，民主主义也常被忽视。那些学校会议上的话语权集中在数名教师身上的学校、以声音大的教师的意向决定学校运营方向的学校、在公开课研讨会上存在不发一语的教师的学校，都无法称为民主主义式的学校。声音大的教师中往往没有优秀的教育实践者，优秀的教师往往善于安静思考。善于思考的教师可稳健工作，他们通过轻声细语可以活化学校运营，使高质量的教育成为可能。学校改革要想获得成功，必须让学生、教师、校长、家长每一个人都成为学校的主人翁（protagonist），让每一位成员都协同合作。若非如此，学校改革便无法取得成功。

为了在学校与教室中实现民主主义，需要在学生与学生、学生与教师、教师与教师间创建"相互倾听的关系"。没有任何一个场所像学校一样需要对话，仔细品味后会发现，也没有任何一个场所像学校一样缺乏对话。很多情况下，学校中校长的发言是一种独白，会议上教师的发言是一种独白，教室中学生的发言也是一种独白。学校只有构建出相互倾听的关系，才能为对话奠定基础，才能衍生出对话性沟通，才能使学习共同体的构建变为可能。

卓越性哲学

教与学，这两者皆须追求卓越性，如对卓越性的追求缺失，则无法孕育出丰厚的果实。卓越性并非意味着与他人相比这一意义上的优秀抑或优越，而是指无论在何种条件下，相关主体都能够应对该条件并竭尽全力做到最好这一意义上的卓越。课堂实践与学习实践如不能不断追求最好，将无法实现真正意义上的教与学。学校不能以学生能力有限抑或学生的家庭条件困难为由，降低学习的难度。对教师的要求也是同样的，绝不能让教师以自己的健康情况不好、过于繁忙为借口下调教学水平。对学生也需要提出同样的要求，即无论在任何条件下，都应让学生养成细心、不断追求最高品质学习的习惯。正如杜威所言，"教育是习惯的养成"，正是在卓越性哲学的支撑下，这句话才得以成立。

/ 第三章　学习共同体改革的活动系统 /

如前所述，学习共同体的学校改革，是基于愿景与哲学构建而成的。实现改革的愿景及哲学，需要三个活动系统的支撑，即需要教室中的协同学习（collaborative learning）、教师办公室中的教师学习共同体（professional learning community）即同僚性（collegiality）的构建、家长与市民参与改革的"学习参加"。这三个活动系统通过教师与学生每天的活动将前述改革的愿景及哲学具体化，是自然并必然能成功构建出学习共同体的条件。

为何我要创设这三个活动系统？在解释理由前，请让我先介绍一下相关背景。如前所述，在改革开始的最初 10 年，我积累了 1000 余所学校失败的痛苦的经验。这些学校仅仅实现了部分改善，并未能实现学校的整体改革。因为在学校改革中，无论以何种角度切入，如果仅仅在局部进行改革的话，是不可能实现学校整体上真正的转变的。

在连续 10 年失败的学校改革中，我面临的最大的困难是由改革造成的校内分裂。若改革实践中，一方面出现了热心改革的教师，另一方面出现了质疑并对抗改革的教师的话，学校内部就将陷于分裂状态。无论何种学校改革，都绝对不可引起校内的对立或分裂。因为校内的分裂的连环效应必将影响学校，也必将在全身心投入、真诚地进行改革实践的善良的教师心中留下无法抚平的伤痕。如果学校改革可能引发校内的分裂，那绝不应着手进行这样的改革。因为在这样的状态下，改革给学校带来的伤害远大于改革给学校带来的成功及优势。

对我而言的另一难题是，如何将学习共同体的学校改革打造为无论条件多么薄弱的学校都可能实现的改革。如若不能提出在任何困难的条件下都可实现的改革，我便无法获得校长、教师及教育行政部门的信赖。学校改革是需要付出智慧和数量庞大的时间及资源的艰巨事业。为了成功推动学校改革，其改革愿景、哲学及方法必须值得信赖并具有极大的挑战价值。但是，如何设计才可以让无论多么困难的学校都可以实现学校改革这一目标呢？

因此，我思考并设计了学习共同体的三个哲学及活动系统。其核心构思在于，教师及学生可通过活动系统的实践，亲身感受公共性、民主性及卓越性这三个改革哲学。

对于教师而言，活动系统极为重要。教师在决定学校改革政策及实施改革前，常常希望通过校内商讨的方式决定所有改革步骤及事宜。虽然教师都认为"只要共同商议必将实现共同理解"，但是，对于学校改革政策，从以前到现在是否通过共同商议实现过共同理解呢？我个人认为，在学校"通过共同商议必将实现共同理解"是不可能的。特别是在有困难的学校，实际情况往往是越商讨，教师间的关系越恶化。互相商讨，并不一定真的带来民主主义。而且在商讨中"正统性"受质疑的改革，最终很多都以"程序"（行政推动)实现了正统化。

如若如此，如何在学校改革中实现民主主义呢？综前所述，我们只有先对改革的愿景及哲学达成共识，在达成共识后，再辅以活动系统为基础进行实践。活动系统便是在此背景下得以构想出的。

教室导入协同学习，基于课例研究建构教师学习共同体(同僚性)的活动系统，是保障每一名学生和教师都可持续追求高质量的学习，并保障每一名学生和教师都可通过活动亲身体验并感受公共性哲学、民主主义哲学及卓越性哲学的条件。相信没有教师和学生抑或家长会反对学校创建的"实现学生的学习权利，保障教师作为专家的成长，获得地区大多数家长的信赖"的学习共同体愿景。相信也不会有人反对公共性哲学、民主主义哲学、卓越性哲学。在推动学校改革的愿景及哲学时，保障学校避免因讨论而产生对立、形成割裂状态的正是此活动系统。

但是，这些活动系统要想有效运作，还必须具备一个重要的准备条件，即对话式沟通。

在教室、教师办公室、学校与地域间构建"相互倾听的关系"，是学校对话建立的基础。相互倾听的关系促使对话式沟通真正实现，也正是在这一对话式沟通中，学生与教师的学习得以实现，学习共同体得以构建。"倾听他人的声音"是学习的出发点，亦是构建对话式沟通的民主主义的基础。

/ 第四章　基于协同学习的课堂改革 /

小组学习的成效

在学习共同体的学校改革中，小学低年级采取全体学习与两人一个小组的成对学习的方式以协同学习为中心组织课堂，小学三年级以上至高中以男女混合四人一组的协同学习为中心组织课堂。如前所述，除了部分发展中国家外，这样的课堂及学习方式已经成为世界各国的基准。但是学习共同体的学校改革提倡以协同学习为中心组织课堂的理由远不止于此。

协同学习符合学习的本质。传统的学习心理学长久以来将学生的学习作为个人活动而展开研究，但是很多学习都绝不是依靠个人就可以进行的。个人能够进行的往往只有"练习"与"记忆"。所有的学习都与新的世界的相遇与对话，是通过与客体、他人、自我的对话不断重新编织学习意义与关系的过程，是基于对话与协同合作才得以实现的活动。学习，需要师长与同伴，其根本在于协同。意指"学问"的"discipline"在中世纪曾含有"弟子的共同体"的意思，而意指"研究"的"study"一词则也曾包含着"友情"的意思。

为了实现不让任何一名学生掉队、保障每一名学生的学习权，没有比基于协同学习的同伴间互相合作学习更有效的方法了。四人以下的小组学习，比任何一种课堂组织方式更具有强制促进学习的功能。在同步教学的课堂上，可能出现学生假装听讲、倦怠学习的情况。但是在四人以下的小组中，每一名学生都不得不参与到学习中。协同学习的这一强制性功能，在促进每一名学生的学习成功上极为重要。

基于小组的协同学习，可以发挥出促进学生学力提升的作用。在应对低学力学生时，大多数教师希望通过改善自身的指导方法来解决这一问题。但在现实中，仅通过教师个人的努力就促使学困生问题得以解决的案例极为稀少。在小学阶段，一名教师至少需要教授将近 40 名学生；在初中及高中阶段，一名教师至少教 200 名学生。所以期待教师通过对低学力学生一一展开指导来解决此问题可以说是一种幻想。但是，通过参加小组内的协同学习，低学力学生的学力水平得以提升的例子不胜枚举。

协同学习还可以保障高学力学生达到更高的学力水平。但是，这一目标的实现，需要满足以下条件。协同学习中必须包含向被我命名为"挑战性学习"的高水平课题挑战。通常，教师认为协同学习有助于提高低学力学生的水平，但对高学力学生的发展不利。的确，如果以低学力学生水平为基准来设计协同学习，并以低学力学生达到一定水平为教学目标的话，高学力学生无疑在此过程中仅仅被当成了促进低学力学生发展的踏板。毋庸置疑，这样的协同学习对于高学力学生的确不利。但是，我们需要更加详细、深入地探讨这一问题。

通常学习共同体的学校会以两个课题为基轴组织学生学习，即按照每一名学生都可以及都需要达到的"共有课题"水平(教科书水平)和可在其基础上进一步挑战的"挑战性课题"水平(教科书以上水平)这两种课题水平来组织学生学习。令人感到意味深长的是，通过对教室的长期观察慢慢发现，在"共有课题"学习阶段最受益的是高学力学生；相反，在"挑战性课题"阶段最受益的却是低学力学生。这到底是为何呢？

对"共有课题"的学习，通过个人活动的协同化的小组协同学习组织教科书内容。所谓个人活动的协同化，如字面所示，就是通过互相帮助来推进个人活动，是协同学习的一种形式。有一点需要补充说明，即在进行"共有课题"的学习时，不采用个人活动的协同化方式，而采用只给每一小组发一张任务单并要求学生以小组为单位共同完成任务的方法，并非是活化协同学习的好方法。因为在"共有课题"的学习阶段，让每一名学生都扎实地理解授课内容极为重要。上述以小组为单位要求小组全员一同完成一个课题的方法，会导致以"会"的学生为主导，而"不会"的学生则可能变成学习活动的"配角"。

"不会"的学生的"哎，这儿怎么做才好？"这一提问是个人活动协同化的起点，亦是互相学习的起点。被问的学生需要理解提问学生的不懂之处，并须按照提问学生能够理解的方式解释说明。与之相对，接受了同伴的援助后，不懂的学生也需要边听边认真思考。通过以他人的帮助为媒介的这种思考，不懂的学生可以突破只依靠自身能力所能达到水平的界限。事实上，没有比小组协同学习更有效的解决低学力问题的方法了。每当观摩课堂时，最令我感动的就是，学生甚至比教师更善于为不懂的同伴提供学习支援。

仔细观察以不懂的学生的提问展开的对话，会发现这一"哎，这儿怎么做才好?"的提问为回答问题的学生带来的益处远大于提问的学生。因为通过回答不懂的学生的问题，已经"会"了的学生又经历了"重新理解"。"理解"有多种程度，有自己理解后会做的"理解"、可以对自己的理解进行说明的"理解"、可以向别人讲解自己思考的"理解"，还有在此之上的可以应对不懂的学生的提问并能准确进行援助的"理解"。通过回答不懂的学生提出的问题，"会"的学生受惠更多。

学习并非一定是由"基础"向"发展"渐进的

与符合教科书水平的"共有课题"相对，"挑战性课题"须设定为高于教科书要求的水平。"挑战性课题"难易度的设定虽受互学关系的成熟度的影响，但是一般来说，课题难度设定得越大越好。如果所有的学生都能完成"挑战性课题"，说明其难度过低，所以按照下课时仅有一半或者三分之一的学生能够完成的程度设定为好。学习，最重要的是能让学生沉浸其中，并感受到学习的快乐，而"挑战性课题"正好可以使之实现。学生在挑战"好像理解却又不太明白"的课题时，最能够体验到对学习的全神贯注。

在基于"挑战性课题"的协同学习中，不仅只有高学力学生获益。正如在"共有课题"的学习中，高学力学生较低学力学生受益更多一样，通过课堂观察发现，在"挑战性课题"的学习中，不仅高学力学生能受益更多，而且低学力学生也可以从中获得极大的益处。

一般的观点认为，学习是由"基础"向"发展"渐进的过程。这样的见解固然正确，但是这种递进式发展的模式只出现在高学力学生身上。低学力学生在"基础"阶段就已经遇到瓶颈，那么，低学力学生究竟是在哪个环节真正完成学习的呢？仔细观察"共有课题"

与"挑战性课题"的协同学习过程会发现，低学力学生在"挑战性课题"的学习阶段，换言之，在活用基础性知识的应用学习中，频繁出现"啊，原来是这样呀"等对"基础"理解的情况。可见，低学力学生其实是通过"发展"再重新理解"基础"的，这种学习实际上是从"发展"向"基础"下降的学习过程。

这一发现有两个重要意义。第一，这个发现为越是低学力学生越厌恶教师反复唠叨的说明、反而喜欢"挑战性课题"提供了佐证。第二，我们一直认为学习过程是"理解—应用"的单向发展过程，但是上述情况显示，"应用—理解"的这一学习过程也同样发挥着重要作用。实际上，我常常对受低学力问题困扰的学校提出提高教学内容的难度、组织"挑战性课题"的建议，此方法对于解决低学力问题具有真实的效果，也具备合理的依据。

"互相教的关系"与"互相学的关系"的差异

究竟该如何将协同学习导入课堂呢？首先必须明确"互相教的关系"与"互相学的关系"之间具有根本差

异。"互相教的关系"是"会"的学生教"不会"的学生的单向关系，二者间并非互惠性关系(reciprocal relation)。与此相反，"互相学的关系"是以不懂的学生主动发问的"哎，这儿怎么做才好?"为出发点的互相学习的关系，是不懂的学生与已懂的学生两者都能获益的互惠关系。我将"互相教的关系"称为"多管闲事的关系"，将"互相学的关系"称为"若无其事的温柔的关系"。

除上述理由外，我提倡"互相学的关系"而非"互相教的关系"还有如下理由。"互相教的关系"容易造成学生被动等待教师与同伴的援助，这样的关系最终培养出的是"等待的学生"。习惯于被动等待的学生在升入初中与高中后容易变为"充满怨恨的学生"。他们会怨恨放弃他们的教师、会怨恨放弃他们的同伴，进而陷入沉沦的泥潭。对于低学力学生而言，我们必须培养其用自己的力量突破困境的能力，换言之，必须要培养学生信任他人、能够向他人请求援助的能力。以不懂的学生的主动发问为起点的"互相学的关系"，使上述目标变为可能。

现在，无论是在小学、初中还是在高中，以小组互学为理念的课程改革得到了广泛推广。但是，其中很多学校采用的是合作学习（cooperative learning），而非学习共同体的学校改革所推动的协同学习（collaborative learning）。这两者极易被混淆，在此略做说明。

首先，翻译用词的混乱造成了人们对这两者理解的混乱。因教育心理学的研究者（著者注：特别是 20 世纪五六十年代推动"小组讨论会"[buzz sessions]的研究者们）常将 cooperative learning（合作学习）翻译成"协同学习"而造成了混乱。此后，心理学研究领域的学者们为了明确两者的区别，将 collaborative learning（协同学习）译为"协动学习"或者"协调学习"。我所提倡的"协同学习"是"collaborative learning"，与心理学研究者所指的"协动学习"或"协调学习"相同。

那么合作学习与协同学习究竟有何不同？

合作学习是在美国普及的小组学习方式，其代表性研究为社会心理学家约翰逊兄弟（Johnson & Johnson）的相关理论研究及斯莱文（Slavin）关于合作学习方法的研究。合作学习的方式基于以下两个理论而得以建立。一个是集团式学习比个人学习达成度高的理论，另一个是合作关系的学习比竞争关系的学习达成度高的理论。作为合作学习前提的这两个理论本身的确无误，且合作学习易于以方式定型，因此在美国得到了广泛推广。在日本，诸多关于协同学习的翻译书籍其实介绍的都是合作学习。

与合作学习不同，协同学习以维果茨基的最近发展区理论和杜威的沟通理论为理论基础，认为学习活动为基于对话式沟通（协同）的文化性、社会性实践，以活动性、协同性、反思性学习为中心组织学习活动。因此，协同学习的重点并非合作学习强调的合作关系，而是强调文化性实践（文化性内容的认知活动）及在学习中构建意义与关系的社会性实践。

因此，要将协同学习与合作学习一样定性为无关教学内容的特定的教学技巧是非常困难的。举例而言，数学与文学的协同学习的路径不同，所以无法通过特定方式将教学定型化。在学校的"构建互学的关系"实践中，易于模式化的合作学习比协同学习更易于操作及推广。

但是，为了提高学习的品质，维持学习过程的复杂性、复合性及丰富性，无论协同学习实践的公式化、结构化及研究的具体化多么困难，推动协同学习都对学习共同体的学校改革至关重要。

如进一步补充的话，我们更需要留意"互相发言"与"互相学习"的区别。教师在实践中往往会混淆两者的区别，所以我在此特加以说明。通常教师倾向于追求踊跃发言的课堂，但是在学生频频举手说"老师，我会"的看似踊跃的课堂上，发言仅仅是已经听懂的学生的发言，而在大多数的课堂中学习并未真正发生。小组讨论亦是如此。仔细观察表现活跃并大声交流的小组，我们会发现学习也令人意外地并未真正发生。在学习真正发生的小组中，讨论及交流都是轻声细语进行的，每一名学生都能仔细聆听及消化同伴的低语，并深入思考。

因此，协同学习所追求的目标并非"互相说"，而是"互相学"。那么，我们应该如何判断学习是否成立呢？如下图所示，学习发生的要素主要有三个。

在这个三角形中，真正的学习（authentic learning）指的是基于学科本质的学习。数学课需要符合数学本质的学习，历史课需要符合历史学科本质的学习，文学课需要追求文学性的思考及学习，音乐

学习发生的三要素

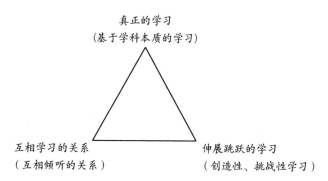

课需要追求音乐式的思考及学习。举例而言，在文学课的学习上，与教材的对话最为重要，所以相较于与同伴的对话(讨论、发言)，文学课必须更重视与教材的对话(重视回归文本)，并以此为中心展开学习。在科学课(理科)的学习上，"假设—实验—验证"的程序固然重要，但是科学探究的本质在于通过科学规律分析自然现象。因此在科学课上以观察及实验为手段的对原理及规律的探究过程至关重要，必须以此为中心创建课堂。

关于互相学习的关系，我已做详尽说明，不再累述。学习发生就应该追求互相倾听的关系，而非互相发言、互相说的关系。

关于伸展跳跃的学习，我已经在前文进行过详细阐述。正如维果茨基的最近发展区理论所指出的，学习是借助他人及道具援助的"向更高处的跳跃"，必须让学生尽可能向更高水平的课题发起挑战。

另外，上图中的学习发生的三要素，在实践初期可从小三角形出发，伴随协同学习的发展及不断成熟，渐渐发展为大三角形。期望教师们能以此三角形为基础，不断设计协同学习并付诸实践。

几个技术性问题

在本章的最后部分，我想谈几个常常被问及的技术性问题，如如何组织小组、应何时导入小组学习及何时结束小组学习、如何处理凹字形教室课桌排列与小组协同学习的关系。

如何组织小组

小组通常以四人为单位由男女生混合构成。一旦小组超过四人，一定会有人被排除在学习之外。因此，当出现五人小组时，建议将一个四人小组及一个五人小组拆分成三个三人小组。建议男女混合的理由在于混合性别有益于活化探究性学习。关于分组，建议将不同个性及能力的学生随机编组，其中抽签分组是最好的方式，当然也可根据各个班级的实际情况适时重新编组、更新组员。

应何时导入小组学习及何时结束小组学习

　　一节课必须由"共有课题"及"挑战性课题"两者组成。在小学低、中年级，教师可根据班级情况自行组织以全班为单位的协同学习（全体学习）及以小组为单位的协同学习，而在小学高年级、初中及高中，前半段为"共有课题"和后半段为"挑战性课题"是课堂组织的基本形态。无论在哪一学段，何时结束小组协同学习都是极为重要的判断。最重要的是，绝不能在学生的学习行为已经结束后依旧继续小组活动。建议教师在观察到学生的学习一结束或观察到学习即将结束时，马上返回到以全班为单位的学习活动中。一旦错过结束小组活动的时间，将破坏学生专心学习的节奏。

　　另外，小组活动时，教师不应干扰小组、恣意介入小组。漫无目的的巡视，会干扰到学生的学习。但教师需要对于真的无法参与小组学习的学生即时施以援手，需要对在互相学习中因遇到瓶颈而停滞的小组给予最低程度的点拨。

如何处理凹字形教室课桌排列与小组协同学习的关系

以班级全体为对象的课堂通常以凹字形(研讨会形式)排列桌椅，其理由是，凹字形的桌椅排列是不让任何一名学生掉队、保障每一名学生都能参与到协同学习中的根本条件。

但是，在欧美国家的学校中，整节课基本都以小组活动的形式进行。但是，其得以成立的前提是，欧美学校的班级学生的平均人数都在 20 人以下。对于每班平均人数在 30 人甚至 30 人以上的日本学校而言，若仅以小组为单位展开协同学习相当困难。为应对亚洲国家特有的大班额状况，我一直在思考可以兼顾班级全体的协同学习及小组的协同学习的学习环境，于是在此基础上设计出了凹字形的课桌排列方式。当然，小学高年级及以上学段，亦可以四人小组的形式排列座椅，展开全体学习及小组协同学习。教师可以根据自身的个性风格对按何种方式排放桌椅做出判断。

在学习共同体的学校中，我们常常可以看到教师坐在椅子上组织全体学生进行协同学习、实现高品质互学的课堂场景。此时的教师扮演着乐团指挥的角色，组织、引导学生实现研讨会式的协同学习。教室内的互学关系成熟后，请教师一定尝试一下这样的方式。

提升学力的问题

提升学力，是另一个我常常被问到的问题，在此我略加阐述。推动学习共同体学校改革的学校，均实现了学生成绩的提升，甚至有许多学校取得了令人惊讶的成绩。原本在所在省市内平均成绩处于最下位的学校，超过了省内平均成绩或全国的平均成绩，成功由所在地区的薄弱学校上升为高水平学校的事例并不罕见。实现如此提升的秘诀究竟是什么呢？

提升学力，并非是学习共同体的学校改革的核心目的。我一直认为，公共教育的使命在于不放弃任何一名学生、实现每一名学生的学习权利，最大限度地提升学生的学习品质，不让任何一名教师掉队，促进每名教师作为教育专家不断成长，并为民主主义的社会做准备。因此，可以说学习共同体的学校实现学力提升的秘诀就在于不单纯将学力提升作为目的。学力提升正是实现上述公共教育使命的过程中产生的改革结果，并非改革目的。基于常年积累的经验，我认为，学力提升的最大秘诀就在于不以提升学力为目的进行改革。学力提升，是伴随着学习经验的不断积累及提升而产生的结果，并非目的。认清这其中的关系极为重要。

在学习共同体的学校中，无论哪所学校，均在拓展型学力上体现出提升，而后在基础型学力上亦出现提升。但这个现象与教师的固有想法相悖。通常，教师认为先实现了基础型学力的提升，而后拓展型学力才能提升，但是事实情况与此完全相反。

我们认为，学力提升是学习共同体的学校改革最终可以实现的结果。在学习共同体的学校改革中，不让任何一名学生掉队，每一名学生都能参与到学习当中，学生的问题行为锐减，会在比较早的阶段显现出成果。而实现学生整体学力的提升大约需要两到三年的实践积累。值得指出的是，学力提升并非是渐进而成的，而多是在时机成熟时一跃而起的。

学力提升就如两段式火箭般向上跃升。在第一阶段，低学力学生的学力得到提高，进而提高全校的平均分数。在第二阶段，中、高学力学生的学力提升从而再次提高学校的平均分数。这一过程正如两段式火箭的动力提升系统一样。若未能出现第二阶段中的中、高学力学生的成绩提升，那么数年后全校成绩会下降。因此，为了实现整体学力的提升，学校需要一直追求"挑战性学习"。

/ 第五章　教师间同僚性的构建 /

同僚性的构建

　　学习共同体的学校改革的主要目的之一，在于构建能够不让一名教师掉队、保障每一名教师都能作为教育专家不断成长发展的学校。为实现这一目的，所有的教师都必须向同事公开自己的课堂，并通过教学研讨会在校内构建互相学习的教师同僚性。

　　教师的成长可分成两个侧面：一个是作为手艺人(craftsmanship)的成长，另一个是获得专家性(professional)的成长。构筑校内教师的学习共同体对促进教师的这两种成长极为重要。教师作为手艺人的成长指的是获得"技法"及"风格"，其基本学习方式是"模仿";而获得专家性成长的主要方法在于"实践与理论的统合",其根本在于展开课例研究。

一直以来,日本的学校都以每年进行三次研究课(公开课),并将活动研究成果编辑成册的形式进行教师研修活动。但是,一年仅进行三次公开课既无法改变课堂也无法真正促进学校变革。而且学校辛苦编撰的研究成果手册最后根本没有人珍惜阅读。这样"以为自己做好了"或者"起码证明我们做了"的教师研修活动,即使实施了也极其缺乏效果。

日本各学校大约每五到十年都会被指定为一次为期两至三年的研究制定校,在作为此研究制定校期间,会全力进行研究。但是,当最后一个研究年度的公开研讨会结束,所有的研究成果编印成册后,研究活动便戛然而止。至今我尚未听说有任何学校在指定研究期结束后依然坚持研究。正是这种"大概有一段时间不会轮到我们了"的终于松了一口气的安心感及徒劳感,衍生出后续的停滞。

而且这种一年三次公开课的研修活动一般都按照年轻教师上课、有经验的教师观课后提出这样或那样的个人意见的方法进行。有经验的教师之所以不愿上公开课，是因为他们大多在年轻时都有过上公开课后遭受到严厉批评的痛苦经验。这种校内研修的传统必须从根本上改革。但即使是这种传统模式的教研活动，在日本到了高中，也几乎没有学校实施。

只要一名教师封闭教室，就不可能实现学校的改革。只有每一名教师都开放自己的课堂，不让任何一名教师掉队，所有教师都构建出互相学习的同事关系，学校改革才有可能取得丰硕的成果。教师的真正的研究成果不是在成果集里，而是在教室内学生学习的事实中。教师共同挑战及创造教室里学生学习的事实、互相观察学生的学习事实并从中互相学习，这一过程比什么都重要。

课堂实践是复杂且复合的，充满了不确定性。无论谁来上课，都无法避免出现失败。讨论课堂的成功或失败无法取得任何成果。但是，无论在任何课堂实践中，教师都必须高扬三面旗帜，即尊重及爱护每一名学生的学习尊严，重视教材的发展性，树立并重视教师自身的教育哲学。我认为这是教师在课堂实践中必须追求的三大课题，下图的三角形显示出这三者间的关系。

教师学习的课题

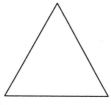

学生的学习尊严

教材的发展性　　　　　　　教师自身的教育哲学

　　在课堂实践及教学研讨会中，我们要求教师以此三大课题为基础，互相促进、互相学习、共同成长。因此，教学研讨会必须转变为所有教师都能沉浸其中的互相学习的教研活动。一直以来，教研活动中"哪里好""哪里不好"的"评价"性发言居多，但是只要以好课及不好的课来评价教师，教师就将无法真正成长。在短暂的观察课堂后随即展开"评价"的教师，多是经验不足、缺乏作为教育专家成长的专业性的教师。真正拥有丰富教学经验的优秀教师在观察课堂时绝不给予"评价"。根据学生的学习事实，细心省察并思考"在哪个部分学生的学习完成了""在哪个部分学生的学习出现瓶颈了""在哪个部分出现学习的新的可能性了"，并完全专注于自身学习，才是作为教育专家的成熟的教师进行的课例研究。我们必须实现这种以学习为根本的教研活动。从"好"和"坏"的"评价"及"建议"为主的教学研讨会需要转型为教师从课堂的学习事实中互相学习的教学研讨会。

另外，以往的教学研讨会上常出现说话大声的教师为中心推进研讨的情况。但是，展开优秀课堂实践的教师往往是安静的教师，所以我们必须召开尊重被埋没的声音并可能反映出被埋没的声音的教学研讨会。因此，教学研讨会必须制定每人至少发言一次的规则。教师在教学研讨会上一言不发本就是对授课教师相当失礼的表现，而在教学研讨会上感谢授课教师提供宝贵的学习机会，并对其付出表示自身的尊敬之意，才是构建校内同僚性的基础。

此外，在学习共同体学校的教研活动中，比起课前学校更重视课后的研究。以往的课堂研究常常受到"假设—验证"的古老教研模式的束缚，在制作教案(计划)的阶段投入了大量的精力。但是，无论如何研究教学方法，正确的教学方法都有上百种，没有唯一正解，而且"假设—验证"型的研究还伴有摧毁以教师自身的构想、个性及教学哲学为基础的教学设计的危险。因此，追求"学习品质的提升"而非"好课"的学习共同体学校，尽可能将教学设计交给授课教师自己设计，课后会以对学生学习事实的反思为中心展开教学研讨。这种新型的教研是教师基于"设计"与"反思"的学习的研究。

课堂研究的改革

学习共同体的学校，以学年为单位或以学校为单位，一年至少召开与在校教师人次相同的教学公开研讨会。根据学校规模的不同，一校每年至少召开 30 次，多者每年召开百余次。

课堂研究会(教学公开研讨会)的召开次数越多，成果显现越快，这一事实一目了然。但是为了让相当数量的教学研讨活动每一次都能充实地完成、不流于形式主义则需要满足以下两个重要条件：一是教师要设定个人的研究主题，并带着个人的研究主题参加研讨；二是学校一年召开一次向附近学校的教师公开的教学研讨会。

通常，在日本每一所学校都会设定全校的研究主题，但是以个人为单位设定研究主题的学校极少。为了促进教师向自律的教育专家学习成长，提高校内的课堂实践及教学研讨的水平，比起全校统一设定研究主题，设定教师个人的研究主题并开展对教师各自的研究进行互相支援的教学公开研讨会更为必要。研究本应以个人为单位进行，构建教师的专家共同体是支持个人研究并促进研究水平提升的必要举措，绝不能反其道而行之。

因此，开展针对一节公开课进行研讨的公开研讨会固然重要，而开放全校的课堂也同等重要。开展教学公开研讨会的中心目的不在于"发表研究成果"，而在于通过公开日常的课堂实践与邻近学校的教师互相学习，在于通过倾听外部的感想与指正激发校内教研活动的内部活力。

与研究者及校外指导员的协同合作也是充实教学公开研讨会、促使学校改革成功的重要条件。日本学习共同体研究会目前约有由 70 位退休校长及学者组成的指导团队支援日本各地的学校改革。

支持课堂改革及学校改革绝非易事，即使对于距今已支持 2500 余所学校的我而言，每一次都面临全新的问题、全新的状况，这是一项持续需要崭新创意的艰难工作，如不能与经验丰富的校外指导员协同合作，学校是不可能完成如此艰巨的事业的。真心希望学校找到可以信赖的指导员，并与其构建起协同关系。优秀的校外指导员绝不是对课堂改革或者学校改革进行指导的人，而是能够与学校的校长及教师一同学习、成长的人。

/ 第六章　与家长的合作、与教育行政部门的合作 /

消除相互间的不信任

在学习共同体的学校改革中，与家长合作，构建家长互相学习的关系是必要的。此外，若不与教育行政部门携手合作，共同推动学校改革，改革也将很难持续。学校，只有从内部出发才能实现变革，但是若没有外部的支援，也无法将改革继续下去。

学校改革最大的阻碍在于教师与家长间的互相不信任。这种互相不信任的关系，是由将教育视为服务业的新自由主义的教育政策导致的。在教师被视为"服务"的提供者、家长被认为是"服务"的享受者的新自由主义的思想及政策下，家长对教师的不满与不信任的喷发是必然的结果，教师对家长也必然抱持着同样的看法。在教师与家长互相不信任的情况下，受到最大伤害的还是学生的学习权利。暴力行为多发的学校，课堂教学无法正常进行的"学级崩坏"多发的学校，厌学、逃学行为多发的学校，苦恼于学力低下问题的学校，究其本源，无一例外存在教师与家长间互相不信任的问题。比起对孩子教育的关心，对学校的不满及不信任占据了家长的主要精力；比起满足学生的需求，教师更是花了更多精力在应对家长上。学生成为最大的牺牲者。

但是，教育真的是服务业吗？答案是否定的。教育是一种对肩负着未来的孩子的社会责任，是所有成年人的责任。教师及家长若无法共同肩负起这份责任，则无法构建出互相信任的关系。而且若没有教师与家长对教育责任的共同承担，则不可能保障每一名学生的学习权利。

为解决教师与家长互相不信任这一最大难题，学习共同体的学校改革提出了"参加学习"的活动系统并实践至今。"参加学习"指的是家长与社区居民共同参与学校改革，与学生及教师一同规划并参加到学习共同体中。通常，日本的学校在每学期都会举行一次家长课堂观摩活动，但学习共同体的学校追求的是将此观摩活动转换为家长及社区居民皆可参与课程构建的"参加学习"活动。

一直以来，家委会的活动是构建家校关系的枢纽，但是家委会的活动固然重要，却有一定的局限性。首先，家委会的活动多由家委会理事成员组织及参与，活动的内容皆不触及学校的教育。为了建立不让任何一名学生掉队、实现每一名学生学习权利的学校，即使全体家长无法都参与，也至少保证80％的家长参与活动。

近年来，有许多学校组成了学校协议会，与周边居民共同推动学校改革。虽然这一体系今后有持续发展的必要性，但仅此措施无法保障所有家长都直接参与到学校改革中。而且最近越来越多的学校开始邀请"志愿者"家长走进课堂协助教学实践。如果是普通的社区居民，"志愿者"这一称谓合适，但是将为课堂实践提供帮助的家长称为"志愿者"却不合适。因为家长与教师共同推动学校改革并非"志愿者活动"，而是家长的责任。我甚至认为，基于"志愿"的协助教学的方式，因为仅限于少部分的家长，反而更有可能造成家长彼此间的连带关系的崩溃及家长对学校的信任的瓦解。因此，必须构建出可以让每一位家长都能够平等参与到学校建设中的教师与家长的信任关系以及家长间的合作关系。"参加学习"正是为了实现上述目标而设计的活动系统。

"参加学习"的效果

"参加学习"的实践效果远远超乎期待。在将原有的家长观摩活动改为"参加学习"后，家长的参与度大幅增加。在日本，小学一年级时常有超过半数的家长参与学校观摩。随着学年的增长，参与的家长人数越来越少。到了小学高年级或进入中学后，几乎所有家长只有在参加运动会或者毕业典礼等大型活动时才走进学校。在最近几年的学校观摩中，甚至出现了上课时在走廊聊天的家长人数远比留在教室观摩的家长人数多的情况。但是，即使这样，学校在导入"参加学习"后，参与的家长人数亦大幅增加。在每学期都实施一次"参加学习"活动的学校，百分之七八十的家长都能全年参加每学期的活动。参与学校改革也是家长的权利。

投入"参加学习"的家长们不是专门为了自己的孩子，而是为了全校学生而参与活动。这种具有公共性的活动规划与参与带来的效果是巨大的。通过"参加学习"，学校真正发挥了"公共空间"的功能。

另外，让人惊讶的是每学期都实施"参加学习"的学校，其家长及地方居民的不满及抱怨逐渐消失了。被称为"猛兽家长"的家长们在"参加学习"的学校中变得无影无踪，那些原本比较沉默的家长们转而变得积极参与学校改革，家长的学习共同体也由此形成。

虽然在学习共同体的学校改革中，"参加学习"的重要性得到了充分确认，但并非所有学习共同体的学校都实施了"参加学习"。从过去各校的实施情况来看，的确有每个月举行两次"参加学习"活动的学校，但是绝大多数的学校仅仅在一个学期举行一次。虽然不要求学校每月举行两次活动，我还是期待至少一个月能举行一次，但是可惜的是，这一构想尚未实现。虽然大家都普遍认识到没有"参加学习"很难构建起学校与家长及地方居民间的信赖关系，但是如何更好地开展"参加学习"活动依然是尚待解决的课题。家长及地方居民的学习共同体构建尚远远落后于教师及学生的学习共同体构建。

既要由上而下，也要由下而上

在学习共同体的学校改革中，学校与各层级的教育行政部门合作，同样是必要条件。幸运的是，几乎所有实施学习共同体改革的学校都获得了当地教育行政部门的支持。正因有这份支持，学习共同体的学校改革才得以在日本发展为共有 3500 所学校实施、推进的"草根运动"。以地区为单位，全市、镇、村的小学及中学共同推进学习共同体的学校改革的地区也逐渐增加。

以往由政府推动的由上而下的改革与由学校自主推进的由下而上的改革，无法顺利融合的情况非常多。学习共同体的学校改革，既追求由上而下的推进，也追求由下而上的推进。相关主体须克服由上而下及由下而上的二元对立，但是必须坚持改革大前提下的"学校改革内外辩证法"原则，即学校改革唯有从内部出发才能真正实现转变，也只有获得外部的支持才能持续深化改革。二者的融合绝非易事。

学习共同体的学校改革，取得了诸多"奇迹般"的成果。因此，常常会出现一些地方教育行政部门提出要区域内所有学校共同进行实践。殊不知盲目地全区域推进改革与"学校改革内外辩证法"相悖。一所学校的改革成功，需要学生、教师、校长与家长思虑深远的活动，期待所有学校都可一刀切式地实施改革并一举成功只能是幻想。

既然如此，如何使以地区为单位的学校改革取得成功呢？各地的教育行政部门又应如何做呢？

基于目前的成功经验，建设地区改革的领航学校是学习共同体的学校改革取得成效的关键。正如茅崎市立滨之乡小学与富士市立岳阳中学这两所领航学校的出现带动了学习共同体"爆发性普及"一样，各地区内一所领航学校的诞生可以牵引地区内全体学校的改革。综观日本的学习共同体学校改革的发展和以都、道、府、县的行政区域划分的各地域改革数据可以发现，一所稳定成熟的领航学校的诞生，可带动同一区域内多所学校的改革，并牵引其取得成功。

但是，"爆发性普及"并非我们对改革的期许。我们的期许正相反。我深信，学校改革及其普及、推进得越稳健，其改革成果越扎实、越深入。改革成功的最重要条件在于绝不急躁。我常常强调改革的真谛为

"Think revolutionarily, but change evolutionarily"（革命性思考，渐进式改变）。很多学校改革失败的原因在于反其道而行之。我衷心地期待各教育行政部门今后依然可以以"学校改革内外辩证法"为基础，为学校改革提供支持。

/ 第七章　海内外的改革合作网络 /

不要将改革变成"运动"

目前，北至北海道，南至冲绳，日本所有的都、道、府、县内都有学校正在推进学习共同体的学校改革。但是，由于各都、道、府、县的政治、社会、文化背景不同，加之各地推进革新性改革的传统及课例研究的历史不同，事实上，学习共同体学校改革的普及程度呈现出了极大的地域差异。特别是东京都、大阪府、京都府等大都市及北陆地区、四国、山阴、南九州等偏远地区的改革的推广面临诸多困难。

学校改革除了需要解决地区发展的"跛脚"问题，还必须满足支持教师个人改革实践的需求。在以学校为单位推进改革的学校中，全体教师都可以展开对"创造21世纪型教育"的挑战。但是尚未以校为单位进行改革的学校，只能由校内少数教师，有时甚至只能由一位教师尝试改革。事实上，许多单独应对改革挑战的教师，其所在学校基本都进行了改革。为了支援这些教师，我们在日本各地组织了名为"学习之会"的非正式研究团体，每月召开一次研究会议。在2012年，全日本已成立约50个"学习之会"以支持教师互相学习，参加者有30至200人。

改革之初，我就一直致力于不让学习共同体的学校改革流于"运动"。日本教育失败的原因之一在于多年来一直以"运动"的方式推进诸多教育改革。从明治时代以来，日本教师展开了诸多"运动"，文部科学省与教师工会也都通过"运动"来推进改革，其产生的弊端一目了然。"运动"导致划一主义，同时也导致"改革中心"及"核心领导者"的产生，进而由此衍生出权力及利权问题。

教师常会使用"先进校""落后校"这样的表述，我认为这样的区分是错误的。在我看来，既没有"先进校"，也没有"落后校"。每一所学校的改革实践都是独一无二且珍贵的。

学习共同体的学校改革不是一种"运动"，而是一个改革网络，且这个网络里不存在任何中心。每所学校都是中心，都以自身为圆心辐射周边，与周边学校主动构建出稳步发展的连带关系。回首这 10 多年，蓦然发现不设中心的全国范围的学校改革在日本教育史上尚属首例。这也是学习共同体的学校改革取得成功的一大秘诀。我相信，这一有创意的改革的特征今后也不会改变。

改革普及的国际化

最近 10 多年，学习共同体的学校改革在国际上亦呈现出爆发性普及的态势。这是我在改革之初始料未及的。我更未想到改革在亚洲各国及地区得到如此迅速的推广。2000 年前后，亚洲各国都面临激烈的国际经济竞争，各国均将向"21 世纪型学校"转型作为目标，通过国家政策大力推进教育改革。亚洲各国比世界其他地区更为积极、活跃地推进着学校改革及课堂改革。这股教育革新大潮，为学习共同体的学校改革在亚洲各国的发展提供了极大的支持。

学习共同体的学校改革得以在国际普及有重要的契机及先行者。例如，韩国的孙于正教授(曾是釜山大学教授)创设"学习共同体研究所"后，又创建了多所领航学校。2006年，韩国总统邀请我在教育革新咨询委员会上演讲之后，以韩国京畿道为首的六大地区皆由革新教育者当选地方教育行政长官，自此学习共同体的学校改革一举在韩国各地展开。中国基础教育课程改革中发挥了极大的影响力的华东师范大学钟启泉教授在2000年之后翻译了我的主要著作。2006年，我受邀在人民大会堂进行了主题演讲后，中国各地纷纷开始自主推进改革。此外，2000至2004年，墨西哥政府三度邀请我担任墨西哥教育部的政策顾问，以此为契机，墨西哥开始以学校为中心创建地区共同体并开始推进改革。改革在美国本土的推广是以2004年美国教育学会年会上我进行主题演讲为契机的，宾夕法尼亚州立大学的教育研究者们而后开始着手推进学习共同体的学校改革。在新加坡，时任新加坡国立教育研究所副教授的斋藤英介教授致力于领航学校的建设，更与日本国际协力机构的津久井淳先生一同通过支援国家研究项目，让学习共同体的学校改革普及印度尼西亚及越南。台北师范大学原校长欧用生教授多次与台湾地区的校长与教师赴日本的领航学校参观访问。同时以我的译著在台湾地区出版为契机，台北市教育委员会创建了五所领航学校。在印度，以我在印度教育学会主编的核心期刊上发表论文为契机，2010 年印度教育学会会长创设了学习共同体研究所。

2010 年以后，学习共同体改革以亚洲为中心向世界各地进一步扩大。在韩国，越来越多的革新派的教育总监在选举中胜出，多所学习共同体领航校的"革新学校"在韩国各地设立，学习共同体改革在韩国进一步扩大。2018 年，韩国 17 个行政区域中有 14 个地区的教育总监是革新派，革新学校的数量也增加至1340 所。而保守派的教育总监中也有一位也在推进着学习共同体改革，从而形成了在韩国 15 个区域内有多所学校参与的学习共同体改革合作网络。

在中国，这 10 年来学习共同体学校改革也取得了深入发展。以在北京师范大学召开第四届学习共同体国际会议为契机，北京师范大学教师教育研究中心成立了由我担任名誉主任的学习共同体国际研究中心

（本书的译者于莉莉任研究员），并在北京市、上海市、重庆市、福建省、湖南省、四川省、浙江省等地设立了学习共同体领航学校，推进着创造世界一流水平高质量课堂的学校改革。北京师范大学教师教育研究中心学习共同体国际研究中心获得了以北京师范大学教育学部部长朱旭东教授为首的研究团队的强有力的支持，并与福建师范大学余文森教授（第六届学习共同体国际会议联合会议主席）及华东师范大学沈晓敏教授建立了紧密的研究合作关系。另外，公益团体上海真爱梦想基金会也在自主推进着学习共同体学校改革，并在各地建构了由其组织的学习共同体改革网络。

在印度尼西亚，2016 年以后，以印度尼西亚课例研究学会会长丝马尔教授（印度尼西亚教育大学）为中心，每年召开以学习共同体的课例研究为主题的国际会议，并邀请我进行主题演讲。学习共同体学校改革在印度尼西亚得到进一步发展。

在泰国，以介绍印度尼西亚的学习共同改革为主题的国际电视节目的播放为契机，2015 年朱拉隆功大学的西亚巴伦·丝万蒙卡教授与同一大学的年轻的副教授们开始在泰国推进学习共同体学校改革。在泰国教师专业发展年度大会(EDUCA 会议，每年约 3 万名教师参加)的主办方笔克公司的推动下，学习共同体学校改革已成为泰国学校改革的主要推进力之一。2016 年以来，"学习共同体建设"成为每届泰国教师专业发展年度大会的论坛主题。2019 年，"学习共同体的力量"成为泰国教师专业发展年度大会的主题。

在新加坡，以世界课例研究学会原会长克里斯汀·李教授(新加坡国立教育研究所)为核心，推进了以"倾听的教育学"(listening pedagogy)为改革理念的学习共同体领航学校建设。

在英国，现任世界课例研究学会会长的彼得·达德利教授(英国剑桥大学)在 2016 年开发了以维果斯基理论为基础的学习共同体改革 ORACY 项目，在伦敦市取得了成功；在欧盟国家，也以德国的日本人学校为中心，形成了学习共同体改革合作网络。

2018 年，以我的著作翻译出版为契机，在墨西哥召开了中南美学习共同体改革研讨会，自 2012 年以来在该国中断的学习共同体改革再次焕发出了活力。除此以外，中国香港地区、南非共和国、埃塞俄比亚、缅甸等国家及地区，学习共同体学校改革正静悄悄地展开。现在学习共同体学校改革正以亚洲各国及地区为中心慢慢向世界各地扩大。

学习共同体学校改革，既需要各国内及地区内的领航学校间的合作，又需要跨越国界与海外学校的互相交流。

改革的推进与课题

学习共同体的学校改革，在各地创建领航学校，并以领航学校为据点，串联邻近学校，形成改革的网络，以星星之火带动整个地区的改革。这样的推进方式相当耗时耗力，却是最能孕育出高品质的改革实践的方法。现在全日本约有300所领航学校，这些学校或每月一次或每年一次，定期召开对外公开的研讨会。每次的会议都有50～800名教师参加。近年来，日本各地每天都有正在推动改革的学校召开公开研讨会，每天累计召开的次数达近千次。学习共同体研究会的主页上，刊载着所有日本学习共同体学校公开研讨会的信息。百闻不如一见，希望大家一定参加邻近学校的公开研讨会，实际体会学习共同体在学校中的实践。

领航学校召开公开研讨会时，所有的课堂都对外开放，公开课及课后的教学研讨活动亦对外开放。其中也有得到家长的协助将"参加学习"实践对外开放的学校。无论在哪所学校，我们都可见到所有学生都能真挚地互相学习，所有教师都能谦逊地互相学习，所有人都为创造高品质的学习竭尽全力。对于首次参加者而言，最震惊的莫过于校内安静及令人舒适的氛围。这是因为学校已构建出可以让所有学生都可安心学习的环境。学生之间及教师之间构建出的良好的相互倾听的关系，孕育出最自然状态下的充满关爱的共同体及课堂。即使仅仅去感受学校氛围，我也认为领航学校值得一去。

另外，日本各地成立的非正式的"学习之会"，既可为所在学校尚未导入改革的教师提供支援，也可为各都、道、府、县的学校改革提供交流的平台。此外，学习共同体研究会更是在每年夏冬两季各举行两次全国大会，以促进全国学习共同体学校改革的实践交流。

但是，关于领航学校的创设，仍有几个亟待解决的问题。一是地区间发展不均衡的问题，即既有拥有30所以上领航学校的地区，也有仅有寥寥几所领航学校的地区。特别是在大都市或政令指定都市，领航学校的数量极少。这是发达国家共通的一个现象——越是大都市，其教育水平越低，教师质量越低，学校危机越严重，教育差距越大，教师与学生家长越疲于奔命，学校改革越困难。日本同样。虽然在大都市扩大领航学校的规模、促进大都市的学校改革的研究发展绝非易事，但这依然是学习共同体的学校改革的一个重点课题。

二是学习共同体在日本的小学及中学广泛普及，但在高中却相对消极且发展缓慢。但是，从国际比较的角度来看，高中教育是日本学校教育的薄弱环节。第二次世界大战后的60余年，文部科学省与教育学者一直未肩负起高中的课堂改革及教师研修的责任。而直接负责的各都、道、府、县的教育委员会亦疲于应对大学的升学考试改革，未能真正肩负起高中的课堂改革及教师研修的重任。其结果非常悲惨。在现今这个社会瞬息万变、学习内容日新月异、教育革新涌现的时代，日本高中的课堂风景居然与我高中时代的几乎一模一样，而且日本高中校内研修的次数在全世界也是最少的。现在，高中依然采用一支粉笔、一块黑板的传统的同步教学模式进行授课的国家应该不多了。其结果直接导致薄弱校因学生的暴力行为及逃离等行为而出现无法正常上课的"课堂崩坏"的现象。近年来甚至有高升学率的高中也出现了相同的情形。这可以说是必然出现的结果。

欧美各国将传统授课转变为协同学习、将程序型课程转变为单元型课程的改革都是由大学的课程改革开始，进而影响至高中，接着启发了中小学的。但是，日本向"21世纪型教育"转型的改革却是从小学开始扩展至中学，越过高中，进而向大学课堂扩展的过程。已落至谷底的高中改革，今后需要从根本上认真推动。我常常听到只要大学考试制度存在，高中改革就不可能实施的意见，我认为这完全是偏见。观察挑战学习共同体学校改革的高中不难发现，它们在大学升学考试中依旧取得了飞跃性成果，这便是最好的佐证。

过去，在中学的课堂改革停滞时，也有意见认为，只要高中升学考试存在，中学的课堂改革便无法成功。还有意见认为，在初中学生问题行为频发的情况下，中学改革根本无法进行。坦率地说，甚至连我自己在长冈市立南中学及富士市立岳阳中学的学习共同体的学校改革尚未成功前，也曾在心底暗暗质疑过。但是，事实证明绝非如此。现在实施学习共同体的学校改革的中学比小学更加活跃。为学生问题行为感到苦恼的学校，反而更加积极活跃地开展着改革实践。

可以预见，今后学习共同体的学校改革，必将作为教育改革的中心推动力之一，持续推动小学、中学、高中、大学开展改革实践。所有的这一切，都从在各地区创设一所领航学校开始。对本书内容有所感悟的各位读者，请在各自所在的区域，大胆挑战创建一所领航学校吧！无论这一改革事业多么艰巨，我都确信，学习共同体的学校改革实践必将让您看到教育的未来与希望！

/ 参考文献 /

日本学习共同体学校改革及课堂改革案例

石井順治，『学び合う学びが深まるとき』，世織書房，2012.

佐藤学・和井田節子・草川剛人・浜崎美保編，『「学びの共同体」で変わる！高校の授業』，明治図書，2013.

佐藤学，『専門家として教師を育てる』，岩波書店，2015.

佐藤学，『学び合う教室・育ち合う学校―学びの共同体の改革―』，小学館，2015.

佐藤学・浜崎美保・和井田節子・草川剛人編，

『活動的で協同的な学びへ「学びの共同体」の実践 学びが開く！高校の授業』，明治図書，2015.

石井順治・小畑公志郎・佐藤雅彰編，『授業づくりで子どもが伸びる、教師が育つ、学校が変わる』，明石書店，2017.

佐藤学，『学びの共同体の挑戦―改革の現在―』，小学館，2018.

古屋和久，『「学び合う文化」をすべての教室に』，世織書房，2018.

石井順治，『「対話的学び」をつくる 聴き合い学び合う授業』，2019.

海外出版的学习共同体学校改革相关著作

Manabu Sato, A la recherché d'une ecole pour le XXIe siecte-quelles (reformes scolaires) alternatives aux politiques neoliberales?．Christian Galan et Claude Levi Alvares (eds.), Seisme educatife au Japon. Les Dossiers des Sciences de l'Education, Presses Universitaries du Mirail, France, 2012.

Manabu Sato, Mereformasi Skolah: Konsep Dan Praktek Komunitas Belajar, Pelita, Indonesia, 2013.

佐藤学，《学习共同体——构想与实践》，黄郁伦译，台北，天下杂志股份有限公司，2013。

Manabu Sato, The Global Search for Education: Japan, Huffpost Impact, USA, 2013.

佐藤学，《学习革命的最前线》，黄郁伦译，台北，天下远见出版股份有限公司，2013。

佐藤学，《学习共同体的愿景》，黄郁伦译，台北，天下远见出版股份有限公司，2014。

佐藤学，《静悄悄的革命》，李季湄译，北京，教育科学出版社，2014。

Manabu Sato & Masaaki Sato, Cong Dong Hoc Tap, Hanoi University of Education Press, Vietnam, 2015.

陈静静等，《跟随佐藤学做教育——学习共同体的愿景与行动》，上海，华东师范大学出版社，2015。

佐藤学，《教育方法学》，于莉莉译，北京，教育科学出版社，2016。

佐藤学，『学校を改革する－学びの共同体の構想と実践－』(タイ語版)，PICO Thailand，2016.

佐藤学，『学校を改革する』韓語版，孫于正・申智媛訳 Ediniety 韓国，2016.

佐藤学，《教师花传书——专家型教师的成长》，陈静静译，钟启泉审校，上海，华东师范大学出版社，2016。

Manabu Sato，Classroom Management in Japan：A Social History of Teaching and Learning，Nobuo K. Shimahara（Ed.），Politics of Classroom Life：Classroom Management in International Perspective，Routledge，2016.

佐藤学・韓国学びの共同体研究所編，『学校改

革』, Eduniery 韩国, 2016.

佐藤学, 《迈向专家之路——教师教育改革的蓝图》, 黄郁伦译, 台北, 台湾高等教育出版社, 2017。

佐藤学, 『教師教育のグランドデザイン』, 孫于正訳, Eduniety 韓国, 2018.

Tsukui, A. & Murase, A. , Lesson Study and School as Learning Communities: Asian School Reform in Theory and Practice, London and New York/Routledge, 2018.

Manabu, Sato, Spread and Progress of School as Learning Community in Asia, Tsukui, A. , & Murase, A. eds, Lesson Study and School as Learning Communities: Asian School Reform in Theory and Practice, London and New York/Routledge, 2018.

Manabu Sato, El desafio de la escuela, Crear una communidad para el aprendizaje, Traductora: Virginia Meza H. El Colegio de Mexico Publisher, Mexico, 2018.

黄宏慧，《一所学习共同体学校的诞生》，上海，华东师范大学出版社，2019。

佐藤学，『学校を哲学する一佐藤学の学校改革の哲学一』，申智媛訳、韓国：Eduniety，2019.

Masamishi Ueno ，School Reform and Democracy in East Asia，Routledge，2020.

图书在版编目（CIP）数据

学校改革：学习共同体的构想与实践 /（日）佐藤学著．于莉莉译. —北京：北京师范大学出版社，2020.10（2025.5重印）
（佐藤学作品集）
ISBN 978-7-303-26281-6

Ⅰ.①学… Ⅱ.①佐… ②于… Ⅲ.①教育改革—研究—世纪 Ⅳ.①G511

中国版本图书馆 CIP 数据核字（2020）第 157400 号

XUEXIAO GAIGE XUEXI GONGTONGTI DE GOUXIANG YU SHIJIAN

出版发行：北京师范大学出版社 https://www.bnupg.com
　　　　　北京市西城区新街口外大街 12-3 号
　　　　　邮政编码：100088
印　　刷：北京盛通印刷股份有限公司
经　　销：全国新华书店
开　　本：890 mm×1240 mm　1/32
印　　张：3
字　　数：39 千字
版　　次：2021 年 2 月第 1 版
印　　次：2025 年 5 月第 4 次印刷
定　　价：20.00 元

策划编辑：周益群　　　　　责任编辑：康　悦　孟　浩
美术编辑：李向昕　　　　　装帧设计：丛　巍
责任校对：段立超　　　　　责任印制：马　洁

学校を改革する―学びの共同体の構想と実践

GAKKO O KAIKAKU SURU：MANABI NO KYODOTAI NO
KOSO TO JISSEN

by Manabu Sato

ⓒ 2012 by Manabu Sato

Originally published in 2012 by Iwanami Shoten，Publishers，Tokyo.

This simplified Chinese edition published 2020

by Beijing Normal University Press（Group）Co.，Ltd.，Beijing

by arrangement with Iwanami Shoten，Publishers，Tokyo

北京市版权局著作权合同登记号：图字 01－2017－5805